늘 꽃이어라

| 손순이 시화집 |

김이나 첫돌기념

도서출판 두손컴

이나 첫돌 사진

| 시인의 말 |

이 세상 할아버지 할머니의
영원한 짝사랑은 손자 손녀이다
바라보기만 해도 입가에 미소가 번진다
보고 있어도 보고 싶은 손녀
자라는 모습을 시와 그림으로 남긴다
이 글을 읽을 때쯤 이 할미 맘 이해하고
자신이 얼마나 소중한 존재인지 느낄 테지
항상 건강하고 행복하게 살길 두 손 모은다

2024년 초록 유월에

혜원 손 순 이

● 차례

시인의 말 · 5

에필로그 | 실천하는 삶 / 손순이 · 138

# 1부

경주의 미소 · 10
귀가 예뻐서 · 12
수줍게 피었네 · 14
품에 안겨서 · 16
내 이름은 김이나 · 18
작은 발 · 20
쌔근쌔근 · 22
아기 옆에서 · 24
하품 · 26
시원하겠소이다 · 28
첫 수영 · 30
마른 논에 물들어 가듯 · 32
외출복 입고 · 34
할머니 손은 약손 · 36
이리 보고 저리 보고 · 38
동글이 · 40
우주복 입고 · 42
할머니 닮았다네 · 44
이나 엄마 모교에서 · 46
아프면 · 48
거제도에서 · 50

## 2부

여행 간대요 · 54
할머니 재롱 · 56
거창 여행 · 58
할세권 · 60
잠투정 · 62
겨울이 오기 전에 · 64
메리 크리스마스 · 66
후진이 안 되네 · 68
예지 언니 · 70
이나의 새로운 장난감 · 72
엄마의 외출 · 74
이유식 · 76
공간 이동 · 78
많이 놀고 싶은데 · 80
혼자 잘 노네 · 82
더 놀고 싶어 · 84
봄나들이 · 86
공원에서 · 88
할매미용실 노노 · 90
봄꽃 · 92
이나 첫돌 사진 · 94

## 3부

사자암에서 · 98
적멸보궁 가는 길 · 100
천진불 만나다 · 102
알맞게 · 104
시인의 길 · 106
수승대 거북바위 · 108
거창 가야 문화 · 110
거창 둔마리벽화 고분 · 112
김장은 간이다 · 114
한마당 잔치 · 116
도갑사 해탈문 지나 · 118
구석기인의 주먹도끼 · 120
왕인박사 · 122
나주향교 굽은 소나무학교 · 124
공양미 올리다 · 126
보문사 마애석불좌상 · 128
소풍 · 130
장흥 보검사 철조비로자나불 · 132
화순 쌍봉사 · 134

# 제1부

# 경주의 미소

태어난지 이틀박에 안된
아직 눈을 뜨지 못하는데
편안한 얼굴로 미소 지으며
배냇짓하는 경주
지엄마 배에서도 저렇게 웃었을까

경주가 무럭무럭 자라면서
좋은 것 많이 보고 듣고
많이 웃었으면 좋겠다
지엄마 아빠 할아버지 할머니
주위 사람들과 함께...

함박 웃음 웃던
딸 어릴 때 모습 떠오르네

## 귀가 예뻐서

배냇저고리 입고 잠든
손녀 곁에 누워있으니
'앵' 하는 모기 소리 들린다
한밤중에 일어나
불을 켜고 불침번을 선다
어제는 다행이 내가 물리고
손녀는 무사했는데,
오늘은 둘 다 무사하다
반달 같은 귀가 예뻐서
한참을 들여다 보다가
모기 흔적 없어 불을 끈다

## 수줍게 피었네

손녀가 지 엄마 뱃속에 있을 때
딸네 집에서 가져 온 화초
오랫동안 잎만 무성하더니
손녀 오고 나서 꽃 피웠네
딸집에서는 잘만 피던 꽃이
우리집에 오서 잠복하더니
손녀 반기는 듯 수줍게 피었네
불꽃 모양의 하얀꽃
은은한 향기로 마음 적신다
내일의 희망으로 부탁하게
무럭무럭 자라서 꽃이 되소서

# 품에 안겨서

잠이 올똥말똥 할 땐
엄마 품 할머니 품에
안겨 있으면 잠이 솔솔

잠에서 깨어나려 할 때도
안아서 토닥토닥 해주면
기분이 좋아 좀 더 자요

엄마 심장 소리는
나비 날갯짓 자장가
꽃향기 취해 꿈나라 가지요

## 내 이름은 김이나

나는 잘 먹고 잘 자는
이롭고 예쁜 아이
외갓집에 와서
몇달 동안 지내고 있어요
아빠는 가끔 오셔
내 얼굴 들여다 보고
외할아버지도 아침 저녁
나를 보고 즐거워하시지요
외할머니는 잠 잘 때
내 옆에서 주무셔요
엄마가 푹 자라고

이롭고 예쁘게 살아가라고
이름을 이나라고 지었대요

## 작은 발

잠에서 깰락말락
사알살 다독이니
두 발 꼼지락거리며
쌔근쌔근 잠을 더 잔다

작고 앙징스런 발
집안에서 걷다가 골목길 벗어나
넓은 세상 활개치고 다니겠지

외손녀 살아가면서
부디 꽃길 많이 걷고
힘든 길 지혜롭게 벗어나길

항상 이 할미 두 손 모으마

## 쌔근쌔근

숨을 들이 쉴 때 배가 볼록
숨을 내 쉴 때 배가 홀쭉
배로 숨 쉬며 쌔근쌔근
아기가 잠을 잔다

한달 남짓 아기는 3시간마다
우유를 80ml 먹는데
낮에는 맘마먹고 한참 노는데
밤중에는 자다가 칭얼거려
얼른 우유 타다 먹이면
그대로 꿈나라 직행한다

명상에서 복식호흡 명상하면
장소에 구애없이 마음 비우는데 최고
아기처럼 사는게 행복의 지름길일까

# 아기 옆에서

배불리 먹이고
살랑살랑 안아주면
빙그레 웃다가
온갖 노래 불러주면
기분 좋은지 옹아리 한다

눕혀 놓고 잠시 한눈 팔면
혼자 놀기 심심한지
으앙으앙! 또 쓰담쓰담
빙그레 웃으며 옹아리 하는 아기

세상의 예쁜꽃 다지 웃는다

# 하품

잠이 찾아올 때
입 쩍 벌리고 하품하는 아기
나도 따라 하품한다

잠든 모습이 예뻐서
꼬집어 보고 싶지만
손끝으로 살짝 만져보고
달콤한 휴식에 젖어 같이 잠든다

잠에서 깨어날 때
쉬야를 하면 딸꾹질한다
맘마 먹이든지 울리든지
따뜻한 것으로 몸을 감싼다

아항! 참 잘 잤어요

## 시원하겠소이다

잘 자고 일어나
맘마 맛있게 먹고
더부룩한 속을 비우니
시원하겠소이다

기분 좋은지 방긋 웃으며
뭐라뭐라 옹아리 하니
덕분에 덩달아 맑아지네요

조그만 아기 나무
커다란 나무로 자라듯이
건강하고 둥글게 커서
이 세상 큰 일꾼되소서

# 첫 수영

생후 50일, 수영도 한다
얼굴이 물에 떠 있으니
두려워 하지 않고 자유롭게
팔과 다리를 움직인다

갓 태어났을 때는
언제 두 눈을 뜨나?
설레며 기다렸는데
지금은 잘 때 모습이
꽃보다 더 예쁘다

목욕 후에는 개운한지
방긋 웃으며 잘도 자네

## 마른 논에 물 들어가듯

가뭄에 논바닥이 마르면
벼들이 목이 말라 늘어진다
그때 단비가 내려 물이 차면
벼들은 다시 생기를 되찾는다
자식 입에 밥 들어가는 모습을
마른 논에 물 들어가는 것처럼
흐뭇하게 지켜보던 순박한 농민들

실컷 자고 일어난 배고픈 손녀
혀를 내밀고 입맛을 다신다
우유를 타서 안고 먹이면
마른 논에 물 들어가듯
꿀꺽꿀꺽 시원하게 먹는다

정성어린 손길에 무럭무럭 자란다

## 외출복 입고

이나가 외출복 갈아입고
백일해 주사 맞으러 갔다
허벅지 쪽에 맞았는데
몸을 움직이다 아픈지 찡그린다
새벽녘에 열이 올라
체온계로 재어보니 37.9도다
제 엄마가 어린이해열제를 먹이고
푹 재우니 아침에는 컨디션 정상
'이나 큰 일 해냈어'
긴장했던 마음이 풀어지며
어미나 할미 발걸음 가볍다

# 할머니 손은 약손

손녀가 며칠째 응가를 못한다
오른 손을 배 위에 올려
'이나 배는 똥배
 할머니 손은 약손'
둥글게 쓰다듬는다

어릴 적 할머니께서
아픈 배를 쓰다듬어 주시면
어느새 씻은 듯 나았었지

지 어미가 유산균을 먹인다
설마 오늘 내일은 기별있겠지
일주일 지나면 병원 가야 된단다

잘 먹고 잘 자고 잘 싸는 것이
평범한 일상이 축복이란다

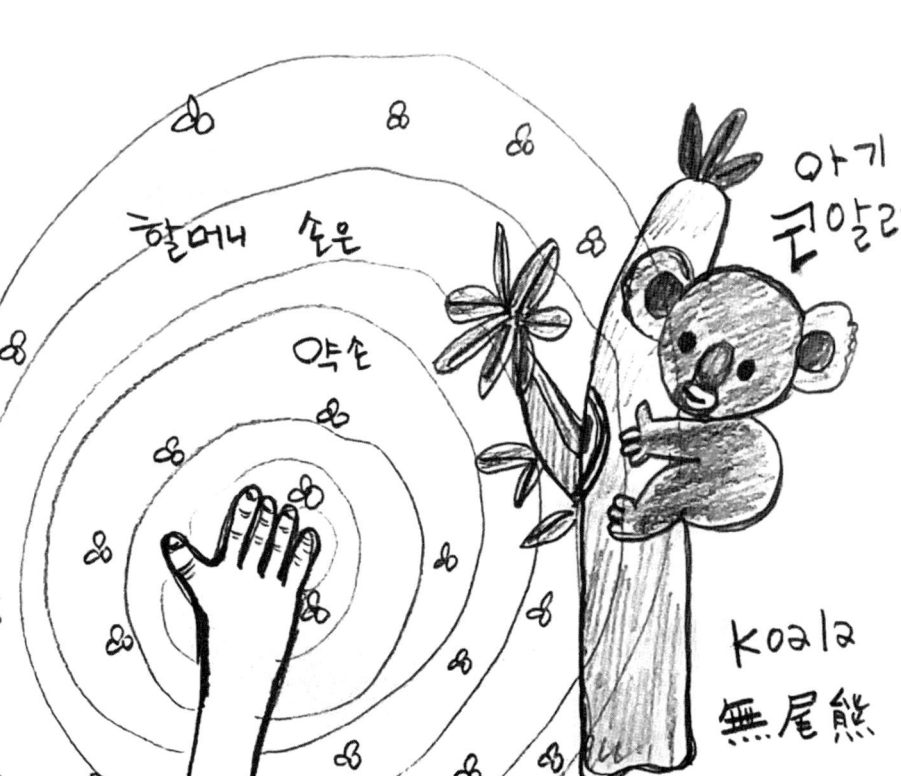

# 이리 보고 저리 보고

두달 넘어가니 목에 힘 생겨
이쪽 저쪽으로 고개 돌린다
그래서 누워서 노는 시간이
제법 길어졌다
발을 버둥거리다
뭔가 닿기만 하면
탁탁 밀기도 하여
다리 근육이 단단해졌다
하루 하루 자라는 건 표시 안나도
어느새 훌쩍 재주가 는다
목욕할 때 욕조에서 수영도 즐기는
갓난아기에서 벗어난 어린이? 같네
훗날 바다에서 수영하겠지

## 동글이

얼굴도 성격도 둥글둥글
손녀가 잘 먹고 잘 놀아서
별명을 동글이라 지었다
몸무게가 한달에 1kg 정도 늘어
안으면 제법 묵직하다
3달이 다 되어가니
뒤집기 하려고 끙끙거린다
옹알이 하면서 활짝 웃는 동글이
사람이 웃으면 면역력 높아지고
인상도 좋아지니 이래저래 복이어라

## 우주복 입고

미국 이모가 보내준 우주복
목욕하고 입으니 아나 인물이 훤하다
진시장 가서 천을 떠와서
잘때 까는 요를 그개 만들었다
베개도 셋트로 꾸미니 어울린다
자박자박 걸어다니면 원피스도 만들어야지

'엄마 오늘도 수고 많으셨어요.
 엄마 덕분에 낮잠도 자고
 아나를 즐거운 마음으로 돌봤어요.'

먼데 있으면 마음뿐일텐데
가까이 있어 들락날락 바쁘다
손녀 보는 즐거움에 힘든 줄 모른단다

# 할머니 닮았다네

외손녀 처음에는 오똑한 코
제 아빠 엄마 닮고
할아버지 모습도 보였는데
나하고 매일 놀다보니
할머니 닮았다고 한다
애들 고모가 손녀 사진 보더니
'언니 많이 닮았네요' 한다
매일 들여다보며
까꿍까꿍 서로 웃다보니
표정이 닮아가서 그런가 보다-

# 이나 엄마 모교에서

키 큰 오동나무가 서 있는 운동장
현관 입구에는 연학 YES!
Yield (양보)
Empathy (공감)
Smile (친절)

'양보, 공감, 친절이
 오늘 하루를 기분 좋게 만들어요'

담장에는 항상 웃는 연학어린이
운동하는 모습들 그려져 있다

이나도 6년 후면 이 학교 들어가겠지
입학식날 사진 찍고 맛난 걸 사줘야지

## 아프면

이나가 열이 나고 아팠다
제 엄마 아빠가 밤잠 설치며
해열제 먹이고 안아주다 병원갔다
다행히 단순 감기라 곧 나았다

긴장이 풀린 딸과 사위
지독한 몸살로 둘 다 아프다
외손녀 아플 때 애간장 녹았는데...
어른이니까 약 먹고 쉬면 괜찮겠지

외손녀 밤낮으로 즐겨 돌보느라
이 할미 아플 여가도 없다
12년 후 손녀 중학교 갈턴데
건강 유지하여 꽃다발 안겨주고 싶다

## 거제도에서

거제도에 있는 펜션에서
할아버지 할머니 엄마 아빠와
이 나는 하룻밤을 자고 왔다

바닷가에서 산책도 하고
어른들은 숯불에 고기 구워 먹고
이 나는 우유 먹고 할머니와 놀았다

'겨울은 춥고 여름에는 모기 있으니
봄과 가을에 놀러 오기 좋구나'

들에는 벼들이 노랗게 익어가고
은행나뭇잎 사이로 은행열매 익어간다
새들 날아와서 짹짹 노래하고
고라니 뛰어노는 거제도 좋아라

# 제2부

## 여행간대요

엄마는 할아버지 이모 외삼촌과
일본 여행을 2박3일 떠났어요
아나는 할머니랑 재밌게 놀거에요
할머니 친구가 선물한 아기사랑동요

'나비야 나비야 이리 날아 오너라
 참새도 짹짹짹 노래하며 춤춘다'

노래 들으며 놀고 목욕도 합니다

창밖에는 햇님 찾아와 눈부시고
밤에는 별님도 반짝반짝 춤추겠죠

## 할머니 재롱

주먹 쥐고 손을 펴서
손뼉을 치고 노래합시다
랄라라~ 랄라라~

할미 재롱에 방긋 웃는 손녀
몇 년 지나면 손녀가
 내 앞에서 춤 추고 노래하겠지

TV도 없던 어린시절
할머니 앞에서 재롱떨던 추억

파아란 하늘에 고추잠자리
햇살무리와 함께 춤을 추고
 나는 저 단풍처럼 물드는 가을이다

## 거창여행

일상 속에 추억 하나 남기러
할머니께서 거창여행을 떠났어요

속세의 근심 걱정을 잊을만큼 풍경 좋은
수승대에 가서 거북바위를 구경하고
요수정 관수루 구연서원을 둘러보았대요

거창창포원 수변생태정원에서
할머니 친구분과 사진 찍어 보냈군요
담에 아빠 꼭 함께 오고 싶은 곳이래요

영농오염원을 줄이고 하천 수질을
보호하기 위해 조성된 이곳은 공기도 좋대요

자태가 곱고 아름다운 꽃창포 필 때
가족들과 즐거운 소풍 가고 싶어요

# 할세권

출퇴근하기 쉬운 곳은 역세권
건강유지와 산책하기 좋은 곳은 숲세권
아이 키우기에 도움되는 곳은 할세권

이나는 할머니랑 가까운 곳에 살아요
할머니가 오다가다 들리기도 하고
이나도 엄마랑 할머니댁에 자주 가요

'엄마 덕분에 목욕도 갔다오고 고마워요'
'이쁜 이나 돌보는 일 나도 보람있어'
엄마랑 할머니랑 하하 호호 웃는 모습에
이나도 행복해져서 방글방글 웃지요

## 잠투정

5개월이 지난 외손녀
이 나려고 그러한지
손을 쪽쪽 빨기도 하고
잇몸이 가렵기도 하고 아픈지
낮잠 잘 때는 괜찮은데
밤잠 때는 20~30분 잠투정 한다

6개월 즈음이면 이유식 먹고
기어다니고 앉기도 하겠지
지금은 엎드려 잘 논다
서울에 사는 돌 지난 손자는
의자에 앉아 숟가락 들고
갖가지 반찬에 밥을 먹는단다

하루가 다르게 자라는 아이들
우리는 하루가 다르게 늙어간다

# 겨울이 오기 전에

시민공원에 산책을 갔다
멍멍이도 즐겁게 뛰어다니고
비둘기도 아이들 곁에서 놀고 있다
색색깔 단풍잎 깔려 있는 공원길
할머니 엄마와 나들이 온 이나
사람들이 '아가 예쁘다' 칭찬하시네
'추워지기 전에 잘 나왔죠?'
활짝 웃는 엄마와 이나를
사진 찍어 가족톡에 보내는 할머니
'이나 모자 쓰니 귀엽다 ㅎㅎ'
외삼촌도 서진이 오빠 사진 보내고
미국이모도 예지언니 사진 보낸다

## 메리 크리스마스

12월은 쌀쌀한 날씨지만
선물이 오고 가는 훈훈한 인정
크리스마스 트리 앞에서
사진도 찍고 한해 갈무리 한다

부산의 12월은 노오란 은행잎이
정갈한 풍경으로 도시를 채색한다
길거리에도 그 이파리들 떨어져
바삐 오가는 발걸음 멈추게 하고
운 좋은 노란잎 책 속에 머문다

아직 어린 이나 시내는 못 나가도
아파트 트리 앞에서 사진 찍고 즐거워라
자박자박 걷는 내년엔 손 잡고
캐롤송 들으며 선물 사줘야지

메리 크리스마스

## 후진이 안 되네

6개월 손녀 제법 움직인다
엎드린 자세로 앞으로 전진하고
방향 바꾸어 놀다 앉기도 한다
그러나 소파 앞에서 머리 박고 낑낑댄다
전진은 잘 하는데 후진이 안 되네
키우면서 이때가 제일 수월하다
갓난이는 많이 보듬어야 하고
곧 빠르게 기어다니거나 걸으면
위험할까 봐 한시도 눈 떼지 못한다

혼자서 잘 놀고 있어 잠시 눈 돌리면
어느새 깔아놓은 매트를 벗어나
울타리하며 그 안에서 놀게 해야겠단다

# 예지 언니

이종사촌 예지 언니는
미국에서 고등학교에 다녀요
바이올린 꾸준히 배워서
리치몬드 청소년음악회에서 합주하고
음악학원 음악회에서 독주도 했대요
동영상으로 감상하는데 듣기 좋군요

이나도 커서 바이올린 배우고 싶어요
예지 언니는 머리도 좋아
공부하는 학원에 안 다녀도
과학영재로 뽑혔대요

엄마 이모 외삼촌께서 사교육 안 받고
서울 명문대 다 들어갔다고
엄마도 이나에게 공부공부 안 하겠대요

# 이나의 새로운 장난감

6개월 지나니 제법 활발하다
앉아 놀기도 하고 기어다녀서
제 집에서는 울타리를 만들었다

외가에 와서 깔아둔 메트 벗어나
갖고 온 장난감 마다하고
플라스틱 물통이나 그릇을 갖고 논다

예전에 자식들 키울 때
부엌에 있는 소쿠리 다 꺼내주면
설겆이 할 동안 갖고 놀았지

애기 업고 집안 일 시장도 다녔는데
요즘은 그런 포대기 구하기도 어렵고
업어주는 걸 선호하지 않으니
젊은이 육아방식 따라 손녀 돌본다

## 엄마의 외출

이나는 외가에서 할머니와 놀아요
엄마는 서울에 가서 전시회 둘러보고
이사한 외삼촌집에도 간대요

둘루랄라 홀가분하게 다녀온다고
이나 이유식 먹을 것도 만들고
옷가지도 챙겨서 할머니께 맡기네요

이나는 할머니가 주시는 이유식
맛있게 냠냠 먹고 재밌게 놀아요

'고마워요 엄마 ~ ^_^ '
친정엄마 찬스 누리는 엄마의 외출

# 이유식

명절이라 소고기 선물 들어왔길래
손녀 이유식 하라고 조금 주었다
고기 삶은 물에 야채 듬뿍 넣고
어른이 먹는 스프도 만들었다
소고기는 갈아 납작하게 만들어 냉동실에 둔다
밥과 야채 갈아 소고기와 함께 먹인다
딸기 바나나 사과 같은 과일도 잘 먹는다
분유도 먹고 이유식 간식도 먹는다

아직 이가 나지 않아 갈아 먹지만
곧 스스로 포크로 음식을 먹겠지
하루하루 재주가 느는 아가들

## 공간 이동

울타리 안에서 얌전히 놀다가
할미가 가면 반가워 하는 손녀
문 열어주면 볼볼 기어서
이곳 저곳 공간 이동을 즐긴다
화분이나 전자제품 있는 곳 막아주면
잡고 설 수 있는 곳에서 논다
탁자 모서리에 보호대 붙여 놓아
다칠 염려가 없고 여자아이라
앉을 때도 살그머니 주저앉는다

가끔씩 외출 가고 외갓집 들리는 손녀
아장아장 걸으면 놀이터에서 놀고
키즈카페에도 나들이 갈테지

골목길 벗어나 대처에 나가는 몇아이처럼

# 많이 놀고 싶은데

외갓집에 하룻밤 자는 동안
이나 엄마 아빠 영화 보러 갔다
8시 자는 시간이라 재울려니
엄마품이 그립나 대성통곡을 한다
거실로 데리고 나와 노니 싱글벙글
9시에 방에서 재울려니 또 운다
늦게 들어 온 할아버지와 재밌게 놀고
10시 되어 우유 먹여 재우니 코~잔다

외갓집에 오면 많이 놀아야 되는데
말 못하는 8개월 아기도 아는걸
이 할미 눈치 못채고 시행착오 했네

## 혼자 잘 노네

매일 봐도 눈에 삼삼한 손녀
오늘은 이 할미 왔는데도
혼자 장난감 갖고 노느라 조용하다
나도 조용조용 피자로 점심 먹는다

어느새 가까이 다가온 손녀
제 엄마가 썰어둔 사과 먹인다
피자조각 상추에 싸먹고
이나는 사과조각 냠냠 먹는다

혼자 놀 때는 가만히 지켜봐야지
귀엽다고 덥썩덥썩 안으면
응석받이로 자랄지도 몰라
긍정적이고 감사하는 마음 지니면 좋겠지

## 더 놀고 싶어

한 시간 일찍 일어났길래
낮잠 자는 시간 당겼더니
울고 불고 난리가 났다
어디 아프나 걱정하며 놀아줬더니
한참 지나 제풀에 잠이 든다

외갓집에 오면 잠 자는 시간 아까운지
할미는 이나 마음 또 몰라주고
시간 맞춰 먹이고 재우려 했네

달게 자고 일어난 손녀
간식 챙겨 놀이터 데리고 갔더니
오가는 언니 오빠야 보고 잘 논다

서울 나들이 간 이나 엄마와 아빠
청와대 동묘시장 구경하고 신났네

# 봄나들이

봄꽃이 피기 시작한다
매화 목련 개나리 벚꽃 라일락

날씨가 풀려 이나도 봄나들이 한다
유모차 타고 마트나 공원에도 간다
'콧바람 쐬니 이나도 기분 좋지?'
엄마 할머니와 함께 가는 봄나들이
꽃향기 살랑살랑 나비처럼 날아다닌다

노란 원복 입고 가방매고
유치원 가는 어린이들 보니
'나리 나리 개나리 입에 따다 물고요
 병아리 떼 쫑쫑쫑 봄나들이 갑니다'
콧노래 절로 저절로 나오네

## 공원에서

며칠 전 이나는 청색옷을 입고
할머니 엄마도 청옷으로 갖춰입고
어린이대공원에 놀러가서
벚꽃 아래에서 사진을 찍었다

오늘은 대저생태공원 유채밭에 갔다
많은 사람들이 구경 와서
끝없이 펼쳐진 노란꽃밭에서 웃었다
대저둑방길에서 헝머니 시도 읽고
들판 정자에 앉아서 간식을 먹었다

노랑나비처럼 팔랑팔랑 날아다녀서
강물도 보고 행복한 하루 보내는 대저생태공원

# 할매미용실 노노

머리카락이 더디 자라는 손녀
10개월인데 모르는 사람은
'씩씩한 왕자님이네' 한다

뒷머리 삐죽삐죽 길어서
가지런히 잘랐더니
제 엄마가 살펴보고
'할매미용실 노노' 한다
뒷머리 길러 묶어줄려고 했다나

뒷머리 댕강 짤라서 뚠
그 모습도 귀엽기만 한데
'이제 절대 머리 손 안 댈게'
예쁘게 꾸미고 싶은 딸 맘 헤아린다

## 봄꽃

아이야
뜰에 나와 보렴
꽃샘바람 견디고
갓 피어난 예쁜꽃
대견스럽지 않니
노력하지 않으면
희망의 꽃 피지 않아요
땀방울 뚝뚝 떨어져
마른 흙 적시고
그 속에 꿈 하나 심으면
봄꽃 피어나고
소망의 열매
주렁주렁 열리지 않겠니

# 이나 첫돌 사진

이나 태어난지 어그제 같은데
벌써 첫돌이 다 되어간다
첫돌은 거제도의 펜션에서
친척들과 일박하면서 지낼 예정이다
이쁜 한복 입고 사진 찍었는데
이 할미 솜씨가 모자라서
손녀 귀여움을 다 표현하지 못하겠네
사위가 이나 사진 찍을 때
이나가 외할머니 닮았다고 했단다
손녀 가는 길 행복의 꽃 피길 기원한다

이나 첫돌 사진

# 제3부

## 사자암에서

연화좌에 계신 문수동자님
물고기 들고 방생하시려나
수각 앞에서 미소 짓고 계시네

차 한잔으로 입 헹구고
비로전에 들어 초공양 올린다
가족과 손자 손녀 안녕을 빌고
전나무 숲에서 명상에 잠긴다

작고 앙징스런 다람쥐
사람 반기며 왔다갔다 바쁘다
땅콩이라도 가져올 걸
떡 속의 콩을 뽑아주니
날름 맛나게 먹는다
다람쥐 도반 어울려 노는 초록놀이터

# 적멸보궁 가는 길

돌계단 오르고 올라
용안수로 마음 씻고
또 발심하여 걷고 걷는다
오대산 적멸보궁에서
스님의 목탁소리에 혼미한 정신 깨워
석가모니불 석가모니불 석가모니불

부처님 진신사리는 인도에서 중국으로
자장율사께서 당나라에서 모셔와
이땅의 불자들 신심 꽃피우시네

밤하늘 별빛도 초롱초롱 불생불멸
동참하는 도반들도 사자 타고 가는
문수보살 친견하러 기도 삼매에 든다

## 천진불 만나다

사대암 비로전 법당에서
연잎 위에서 놀고 계시는
수많은 문수동자를 만났다
책을 읽고 피리를 불고
합장하고 연꽃 봉오리 들고
누워서 하늘 보고 연줄기 타고

조견오온개공도 일체고액사리자
한통 스님 맞춤 법문과
부처님 백호에서 나오는 그 빛으로
사자암에서 상원사로 오는 길 환하다

어느 손길이 가을 하늘을 닦았는가
티없이 푸른 하늘 눈부시다

## 알맞게

선인들 글을 읽으며
마음을 바르게 가다듬는다

군자는 그 자리에서
알맞는 행동에 최선을 다하고
남에게서 내 삶의 원인을
구하지 아니하니 원망이 없다
위로는 하늘을 원망치 아니하고
아래로는 사람을 탓하지 아니한다

군자는 현실에서 천명을 기다리고
소인은 위험한 짓 하면서
요행을 바란다

## 시인의 길

팔순 지난 여리시절 스승님
후배 시인과 가끔씩 식사 대접했는데...
번거롭다고 댁에서 차나 한잔 하자신다
시집과 시화집 출간하여 드렸더니
'B시인은 열심히 사는 모습 승화돼있고
자네는 기발한 시적 화보에 감동이다'
끝까지 시인의 길 가야된다고 당부하시며
손수 내려주신 커피향께
스승님 격려에 난향처럼 은은한 기쁨

여고시절 시낭송으로 수업 시작하시던 스승님
함께 가는 시인의 길, 꽃길이어라

# 수승대 거북바위

바위가 계곡 중간에 떠 있는 모습이
거북이처럼 보인다 해서 거북바위라 한다
딱딱한 바위 위에 뿌리내린 소나무들
그래서 수송대라 했을 것 같은데
퇴계 이황선생께서 수송대를
수승대로 고쳐 부를 것을 권한
시를 비롯하여 옛 풍류가들의 시가
새겨져 있는 걸작품 거북바위

시와 역사와 자연이 함께 빚어낸
이 세상 어디에도 볼 수 없는
옛 선비들의 격조 높은 야외 연회장

## 거창 가야 문화

가야는 기원전후 무렵부터
철과 농업생산력을 기반으로
변한을 모태로 성장하였다
구야, 가라, 가락, 임나 등 이름 전한다

내가 태어나고 자란 서낙동강 근처에
경남 김해군 가락면 가락중학교 있었는데
지금은 부산시 강서구 가락동에 속해있다

거창은 삼한시대에는 고순시국으로 불렸고
가야후기에는 거타, 거열로 불리고
신라에 통합되면서 거창이라 하였다

가야유산으로 거창읍 개봉고분, 가조 석강리
남하 무릉리 고분군, 마리 말흘리 고분군 등
30여 개소의 유적이 남아 있다

# 박물관 소장 가야토기

굽다리 접시

가야토기

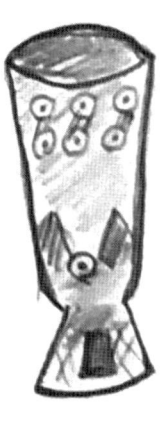
방울잔

굽다리접시

접시

# 거창 둔마리 벽화 고분

고려시대 이 고분은 금귀봉 능선에 있다
석장골 또는 재궁골이라 불리던 곳이다
각 벽에는 회칠을 하고 벽화 그렸는데
천녀상과 주악상, 남녀가 혼합된 무용도이다

그린 방법으로는 묵선으로 윤곽을 그린 뒤
머리는 검게 옷은 황줄색으로 칠했다

벽면이 마르기 전에 단숨에 그린
자유롭고 생기가 도는 필선으로
색채가 맑고 연하여 수채화 같다

고려시대 회화사 및 복식 연구에
아주 귀중한 유적이다

# 김장은 간이다

고춧가루, 젓갈, 마늘 그리고 뭘 넣었나요?
'그건 영업비밀이다' 스님께서 웃으시며
생강을 많이 넣으면 쓴맛이 난단다
'김장은 간이다' 명쾌한 한마디 하고
배추 버무리는데 정성을 다하신다
노보살들 '아이구 허리야 다리야' 마무리 하고
처사님께선 들고 가서 장독에 차곡차곡 넣는다

굴 넣고 버무린 보쌈김치에 수육 삶아
정다운 이웃들과 만찬을 즐기는 김장날
우리나라 김치가 세계유산에 등재될 만큼
인정 받았다니 오늘 몸보신 맛깔스레 하겠네

장독 너머 낙동강 변함없이 흘러가고
김장 담는 전통 흘러가 오늘 여기 머문다

# 한마당 잔치

장산민속예술원 회원들이 펼치는
'거드렁거리고 놀아보세'
시조창 민요 가야금 동래입춤 사물놀이 등
고운 옷 차려 입고 갈고 닦은 기량
무대에서 맘껏 펼치는 예술가들

가르마 반듯하게 가르고 쪽을 찐 여인들
가야금 연주에 심취하며 나이도 잊고
무대에서 선녀 되어 놀고 계시네

늘그막엔 좋아하는 취미 찾아
어울렁 더울렁 어울려 행복하게 놀아보세

정동열 원장님 팔순 지난 연세에도
한복 입고 사회도 잘 보시고 시 읊으신다

## 도갑사 해탈문 지나

월출산 아래 도갑사를 찾았다
속세 벗어나 정토세계 향하는 해탈문
금강역사와 문수보현 동자상이 반긴다
통일신라 말 도선국사가 창건했다는데
옛 건물지에서 백제시대 기와 출토되어
통일신라 전에 절이 있었을 거라는 추정
대웅보전에 들어가 부처님께 참배하고
이무기가 용이 되어 승천한 곳 용수폭포 지나
미륵전에서 석조여래좌상을 만났다
이 불상은 통일신라 불상양식을 계승하면서
생략이 강한 고려적 요소를 보여주는 고려중기 작품
크기가 크고 돋보이는 건 중생소원 듣기 위함인가
용수폭포 흘러가 중생 목마름 해소하겠지

지붕에 쌓인 눈 녹아 툭툭 떨어지면서
'영원히 머무는 것은 없느니라' 몸소 보여주시네

# 구석기인의 주먹도끼

주먹도끼는 사냥할 때도
나무를 가공할 때도 쓸 수 있는
구석기시대 첨단 기술력이 응집된
'구석기인의 맥가이버 칼'이라 한다
자갈돌의 한쪽 가장자리를 내리쳐
거칠고 강한 날을 만든 석기
한쪽 면만 떼면 외날찍개
양쪽 면을 떼면 안팎날찍개
어른 주먹보다 약간 크며
짐승 가죽을 젖거나 뼈 부수는데 사용했다
요즘 사람은 독일제 맥가이버칼 선호하는데
그러나 손 쉽게 구할 수 있는 짝퉁도
캠핑갈 때나 등산갈 때 가져가
야외에서 어른들의 살림솜이 즐긴다

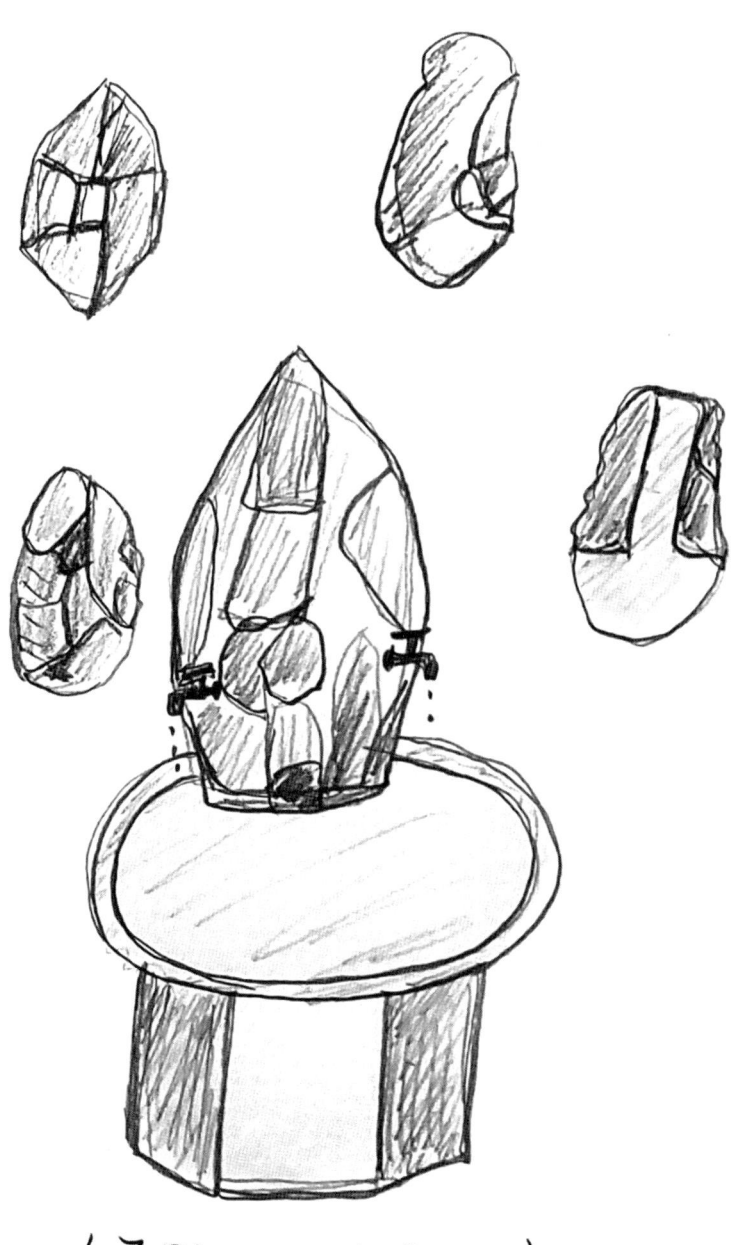

( 주먹도끼 모양 급수대 )

## 왕인 박사

백제시대 영암에서 탄생한 왕인박사
일본국 응신천황의 초청을 받아
논어와 천자문을 가지고 건너가
황태자의 스승되어 충신효례 가르치고
일본 아스카문화를 꽃피운 학자
공자에 비유되는 성인으로 추앙 받으셨다
제자를 길러 낸 분산재와 양산재에서
매년 음력 3월 3일 추모제 거행하고
오사카에서는 '사천왕사왔소'축제를 연다
우리나라 영암에는 왕인박사유적지가 있고
일본에는 히라카타시에 왕인묘가
가자키시에 왕인박사 현창공원이
도쿄 우에노공원에는 왕인청동비가 있다

K - 컬처의 시작
한일문화의 꽃 왕인박사

# 나주향교 굽은 소나무학교

전통예절과 인성교육 선비체험 등
다양한 프로그램을 통해
'문화재가 있어서 행복한 나주' 조성하고
전통문화 계승에 필요한
'문화인력'을 양성함으로써
신규 일자리 창출 문화산업에 기여한다

이 학교는 2014년에 시작하여
3년 연속 우수사업으로 선정되었고
2017년 문화재청 명예의 전당상을 수상함

향교와 서원은 조선시대 지방의 학교
한국 유교문화를 대표하는 문화유산

역사가 오래되고 규모가 가장 큰
굽은 소나무처럼 나주를 지키는 나주향교

## 공양미 올리다

큰딸 생일날 미역국 끓여먹고
건강과 행복 기원하며 탑돌이 하고
삼광사 대웅전에 공양미 올린다

자식들 어릴 때 헌등 달고
그 티켓으로 빵과 음료수 받아
축제처럼 나눠 먹으며 즐거워 했지
연등축제에 인산인해로 일행 놓치면
미리 정한 장소에서 만나자고 했다

외국인들도 즐겨찾는 ' 한국의 아름다운 명소 '
3월의 하얀 목련 연화정도 밝히고 있다

126

# 보문사 마애석불좌상

소원이 이루어지는 길
마애석불좌상 친견하러
평소에는 108계단도 망설이면서
4백개가 넘는 계단을 오른다
'불심으로 올라 가보자
 언제 또 올까? 처음이자 마지막이지'
부산불교문협 문학기행으로 함께 온
꽃집 시인과 씩씩하게 오른다
낙가산 눈썹바위 암벽에 조각한 님
보석으로 장식한 보관을 쓰고
가슴에는 만(卍)자 새겨져 있다
세속의 번뇌 씻어주는 깨끗한물 담긴
정병을 들고 연꽃 위에 앉아 계신다

보문사는 우리나라 관음 신앙 3대 성지란다

## 소풍

문인들도  봄 가을 문학기행을 간다
몇몇 단체에 속하다 보니 여러 번 간다
집행부는 신경을 써서 사전답사도 하니
볼거리 먹을거리 선물거리 푸짐하다
재주꾼 사회자는 넌센스 퀴즈도 잘 하고
사진 찍는 걸 좋아하는 사람 사진 찍어주니
풍경과 사람들 어울려 하하 호호거린다
보라 제비꽃 노란 민들레 하얀 별꽃 예쁘다
'쑥과 부추 넣어 부침개 만들어 함께 즐기세요'
쑥 뜯고 있는 시인에게 꿀팁 알려준다

인각사에  들려 고승이자 불교학자 시인이신
삼국유사 저술가 일연스님의 발자취 느낀다
삼국유사는 우리민족 주체성을 담은 역사서
단군신화 기록함으로써 몽골 굴욕에서 벗어나
민족의 자주의식을 깨우쳐 주고자 노력했던 분
「금관성 파사석탑조」는 가야역사 전하는 자료

더불어  소풍 즐긴 문인들이여 건강한 삶
문운과 함께  오래오래  누리소서

## 장흥 보림사 철조비로자나불

대적광전에 모신 철로 만든 국보제117호
무주장사 부관 김수종이 불사했다는 기록이
불상의 왼팔 뒷면에 새겨져 있다
신라말부터 고려초에 유행한 철불님
남원 실상사에만 있는 줄 알았는데...
목조건물은 세월 따라 소멸되어도 대적광전 앞
부처님 진신사리 모신 삼층석탑과 함께 온전하시다

천년 고찰 보림사 중심으로 전승된
차문화역사는 전통발효차 청태전 발전시켜
2018년 국가중요농업유산 제12호로
'장흥 발효차 청태전 농업시스템'이 지정되었다

언제 한번 청태전 떡차 맛 보고 싶어라

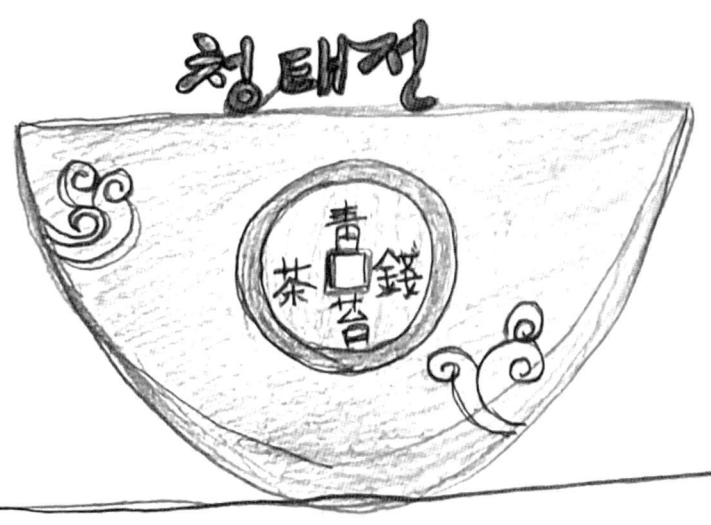

# 청 태 전

청태전은 우리 고유의 전통차로 삼국시대부터 근세까지 장흥 남해안 지방에 존재했던 차이며 1200년 이상의 오랜 역사를 지닌 우리나라 발효차의 효시라 할 수 있다.
청태전은 떡차의 일종으로 동전 모양과 비슷해서 돈차 또는 단차 등으로 불리었으며…

# 화순 쌍봉사

억새꽃 하얀 구름무리 춤추며 반기는
가을길 달려 사자산 쌍봉사에 가다
절 앞규 연못에 정찬주 작가가 기증한
'고고하게 피었다 질 때는 흔적 남기지 않는'
명품 수련에게 무상설법을 듣고
초의선사가 지은 차시 감상하며
차꽃 향기 그윽한 산길을 오른다

국보 제57호 쌍봉사 철감선사탑은
신라 경문왕 8년에 건립한 부도탑
막새기 안에 연꽃무늬 새긴 솜씨는
깊은 불심 아니고는 근접할 수 없는 경지

가을을 잘 보내기 위함도 시심의 경지련가?

에필로그

# 실천하는 삶

손순이

| 에필로그 |

# 실천하는 삶

손순이

 올바르게 사는 삶은 3살 먹은 아이도 알지만 80살 먹은 노인도 실천하기 힘들다고 한다. 몸의 건강을 위해 알맞게 먹고 운동을 하고, 정신의 건강을 위해서는 욕심과 집착을 버리고 자연 속에서 명상에 잠긴다든지 책 속에서 길을 찾으면 효과가 있을 것이다.
 필자도 언젠가부터 하루에 7천 보 전후로 꾸준히 걷는다. 거의 매일 빠지지 않고 오늘 하루 무사함에 감사하며 살고 있다. 저무는 해처럼 몸의 상태가 점점 노화되겠지만 그것마저 자연스럽게 받아들이려고 한다.
 요즘 건강에 대한 관심이 부쩍 늘어 '생로병사의 비밀'이나 '자연인' 같은 TV 프로를 즐겨본다. TV에 나오는 자연인의 대부분은 죽을병에 걸려서 마지막 희망으로 자연의 품을 찾게 되

없다고 한다. 그들은 야생에서 자라는 버섯이나 약초 등을 캐서 먹거나 무공해 채소를 가꾸어 먹기도 한다. 인적이 드문 깊은 산속에서 혼자 살아가도 행복하다고 밝게 웃는 사람들. 어느새 병마를 물리친 건강한 몸으로 사회와 거의 무관하게 자유인으로 씩씩하게 살아가는 모습은 우리에게도 희망을 전한다.

우리는 누구나 다 자유인으로 태어난다. 다른 사람에게 복종할 이유가 전혀 없다. 그러나 혼자서는 자기 생명과 재산을 보호할 능력이 없다. 그래서 공동체의 힘을 빌리는 것이다. 사람들이 공동체를 만들면서 한 가지 약속한 것, 이것이 루소가 말하는 '사회계약'이다. 개인의 인격들이 결합된 공적인 인격은 수동적일 때는 '국가'라 불리고 능동적일 때는 '주권자'라 불린다. 사회계약을 맺은 사람은 자연인에서 사회인으로 신분이 바뀌게 되는데 아무 데서나 똥, 오줌을 싸면 안 되고 미운 사람이라도 마음대로 때릴 수 없으며 먹을 것이 보인다고 남의 것을 함부로 먹어서는 안 된다.

본능대로 행동할 수 없게 된 대신 더 많은 이득을 얻는다. 경찰이 집을 지켜주고 군대가 나라를 지켜주며 내가 가진 것을 '내 재산'이라고 법이 보장해주기 때문에 다른 사람이 함부로 빼앗아가지 못한다. 이렇게 작은 자유를 잃고 큰 자유를 얻게 되는 것이다.

가족은 모든 사회형태 중 가장 오래된 것이며 유일하게 자연

적으로 형성된 사회다. 그런데 이 가족도 부모와 자식의 관계는 일시적인 것이다. 자녀들이 스스로 자신을 책임질 수 있게 되면 부모의 품에서 벗어나 새로운 가족을 꾸리게 된다. 이것은 자식이 독립하는 것만을 의미하지 않는다. 자식이 부모에 대한 복종의 의무에서 벗어나는 동시에 부모 역시 자식에 대한 양육의 의무에서 벗어나는 것이다. 양쪽이 모두 똑같이 독립하는 것이다.

그러나 우리나라에서는 캥거루족, 빨대족이라는 말이 나올 정도로 자식을 끼고 사는 사람들이 많다. 서양에서는 20살 성인이 되면 집을 나와 자기 삶을 꾸려나가면서 직장이나 학교에 다닌다. 우리는 자녀를 결혼시키고 그 후에도 걱정을 너무 많이 하고 있다. 이러는 필자도 가까이 사는 외손녀를 들락날락하면서 돌봐주고 있다. 서울에 사는 손자는 마음만 뻔하지 육아에 도움을 못 준다. 할세권(할머니가 가까이 사는) 딸이 그 혜택을 듬뿍 받는 셈이다.

손녀가 6년 후에는 초등학교에 가고 12년 후에는 중학교 입학할 것이다. 그때까지 건강을 지키며 아이와 함께하고 싶다는 새로운 소망을 품는다. 딸도 당뇨가 있는 내 식단에 야채 위주로 신경을 써주고 '엄마 찬스'라면서 목욕도 가고 전시회도 다녀온다.

외손녀가 아장아장 걸으면 자연을 자주 찾고 도서관에 가서

책을 가까이하는 습관을 들이고 싶다. 착한 본성을 사회에서 그대로 유지하는 것이 교육의 목적이다. 자연을 거슬러서 새로운 무엇을 강제로 주입하는 것이 아니라 그대로 따르도록 하는 것이 좋은 교육이란다.

루소는 '가장 나쁜 교육은 아이를 강제로 어른으로 만드는 것'이라고 했다. 적극적으로 아이들을 바꾸려는 교육에 반대하여 '소극적 교육'을 대안으로 내놓았다. 이 교육 방법의 핵심은 어른의 잘못된 영향과 간섭에서 아이를 보호하는 것이다. '자연으로 하여금 인간을 교육 시키게 하라' 이것이 루소가 주장하는 교육의 큰 원칙이었다.

그는 『에밀』에서 '우리는 가르치는 욕망과 지나친 꼼꼼함 때문에 아이들이 스스로 배우는 편이 훨씬 좋은 사실들을 항상 직접 가르치려 한다. 그래서 아이들의 즐거운 시절을 눈물과 징벌과 위협과 노예 상태에서 보내게 만든다. 우리는 그를 위해 최선이라고 하며 불행한 아이를 괴롭힌다'고 했다. 아이들을 지나친 경쟁 속으로 밀어 넣지 말고 마음껏 뛰어놀게 하면서 자기가 하고 싶은 일을 자기 스스로 찾게 하는 게 가장 좋은 교육이 아닐까?

요즘은 무리한 조기교육 때문에 자신감을 잃은 학생들이 많다. 어릴 때부터 성공과 좋은 대학에 대한 압박을 주게 되면 스트레스를 심하게 받아 아무것도 할 수 없다는 낙담에 빠질 수도 있다. 자신감은 사람들이 불확실한 상황과 마주했을 때 도전할 수 있는 힘을 준다고 한다. 학교에서 공부할 때, 직장에서 일할 때, 남들과의 인간관계를 풀어나갈 때 실패의 두려움을 이겨내고 성공하도록 도와주는 것이 바로 자신감이다.

자녀의 사교육비를 대폭 줄여서 가족여행을 함께 하면 견문을 넓히고 친화력이 있는 사람으로 자라는데 도움이 될 것이다. 부모는 음주가무를 즐기고 TV를 끼고 살면서 자녀에게 공부를 강요하는 것은 '바담풍'하면서 '바람풍'을 기대하는 것과 같다.

자연 상태에서 인간은 최소한의 기본적인 욕구를 지니고 그 욕구를 자연 속에서 해결함으로써 행복을 느끼는 존재다. 그러므로 틈날 때마다 자녀와 함께 자연을 찾는다면 TV에 나오는 자연인처럼 살지 않아도 건강과 행복이라는 두 마리 토끼를 한꺼번에 잡게 될 것이다.

예전에 자식들 키울 때 사교육에 전혀 의지하지 않고 공교육에 충실하면서 기회가 생기면 여행을 보냈는데 참으로 효과적인 교육이었다는 생각이 든다. 그 당시 학부모들은 '공부하기 바쁜데 여행할 시간이 어디 있노' 하면서 함께 보내자는 내 제안을 번번이 거절했다.

자식들은 중학교까지 마음 편하게 공부하다가 고등학교에 들어가자 학교 분위기에 휩쓸려 3년 동안 지치지 않고 열심히 공부하여 나름대로 원하는 대학교에 들어갔다.

"너희들은 엄마 덕분에 공부 수월하게 했지?"

대부분의 엄마처럼 '공부, 공부, 공부!'를 부르짖으며 스트레스 주지 않았음을 자화자찬 했다.

사람은 자기가 원하는 일을 하고 살아야 삶을 마감할 때는 편안한 만족감을 느낄 것이다. 지금부터라도 욕심을 내려놓고 자신이나 타인, 사회에 도움이 되는 일을 찾아서 하면 아름다운 삶이 되지 않을까?

필자는 평생 글을 쓰고 그림을 그리고 바느질로 뭔가를 만들면서 기도하는 삶을 실현하고 있다. 기회가 생기면 글짓기 지도나 미술 상담을 하면서 긍정적인 하루하루를 보내려고 노력하고 있다.

| 손순이 시화집 |
김이나 첫돌기념

발행일 | 2024년 6월 16일

지은이 | 손순이
펴낸이 | 최장락
펴낸곳 | 도서출판 두손컴
주　소 | 부산광역시 부산진구 부전로 35, 301호(부전동, 삼성빌딩)
전　화 | (051)805-8002 　팩스 : (051)805-8045
이메일 | doosoncomm@daum.net
출판등록 제329-1997-13호

ⓒ손순이 2024
값 12,000원

ISBN　979-11-91263-83-1　03810

*저자와 협의에 의해 인지를 생략합니다.
*잘못 만들어진 책은 바꾸어 드립니다.